ESPÍO EN MI COMUNIDAD

Alicia Rodriguez
Traducción de Pablo de la Vega

EL CONSULTORIO

Un libro de Las Raíces de Crabtree

CRABTREE
Publishing Company
www.crabtreebooks.com

Apoyos de la escuela a los hogares para cuidadores y maestros

Este libro ayuda a los niños en su desarrollo al permitirles practicar la lectura. Abajo están algunas preguntas guía para ayudar al lector a fortalecer sus habilidades de comprensión. En rojo hay algunas opciones de respuesta.

Antes de leer:

• ¿De qué pienso que tratará este libro?
  - *Pienso que este libro es sobre cómo es un consultorio.*
  - *Pienso que este libro es sobre un consultorio.*

• ¿Qué quiero aprender sobre este tema?
  - *Quiero aprender qué hay en un consultorio.*
  - *Quiero aprender qué tan grande es un consultorio.*

Durante la lectura:

• Me pregunto por qué...
  - *Me pregunto por qué la enfermera me mide y pesa.*
  - *Me pregunto por qué el doctor escucha mi corazón.*

• ¿Qué he aprendido hasta ahora?
  - *Aprendí que los doctores pueden inyectar a la gente.*
  - *Aprendí que el doctor me puede ayudar a mantenerme saludable.*

Después de leer:

• ¿Qué detalles aprendí de este tema?
  - *Aprendí que en los consultorios trabajan doctores y enfermeros.*
  - *Aprendí que los doctores ayudan a la gente herida o enferma.*

• Lee el libro una vez más y busca las palabras del vocabulario.
  - *Veo la palabra **corazón** en la página 8 y la palabra **inyección** en la página 10. Las demás palabras del vocabulario están en la página 14.*

Es hora de ir a una revisión médica al **consultorio**.

El **enfermero**
me pesa.

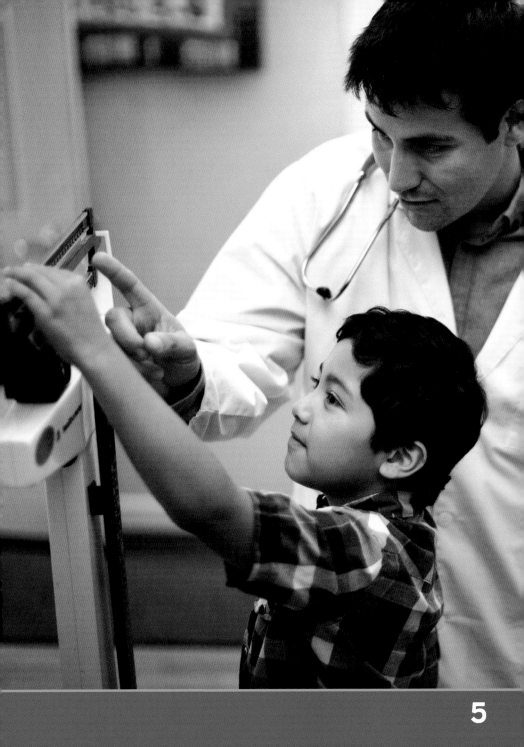

La enfermera
me mide.

El doctor escucha
mi **corazón**.

La doctora revisa
mi **garganta**.

Soy valiente cuando me ponen una **inyección**.

La doctora me da una **paleta**.

El doctor me ayuda a mantenerme saludable.

Lista de palabras
Palabras de uso común

a	de	la
al	el	me
ayuda	es	mi
cuando	hora	soy
da	ir	una

Palabras para conocer

consultorio

corazón

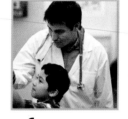
enfermero

garganta

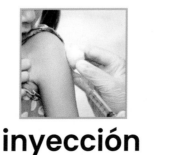
inyección

paleta

48 palabras

Es hora de ir a una revisión médica al **consultorio**.

El **enfermero** me pesa.

La enfermera me mide.

El doctor escucha mi **corazón**.

La doctora revisa mi **garganta**.

Soy valiente cuando me ponen una **inyección**.

La doctora me da una **paleta**.

El doctor me ayuda a mantenerme saludable.

Written by: Alicia Rodriguez
Designed by: Rhea Wallace
Series Development: James Earley
Proofreader: Janine Deschenes
Educational Consultant:
Marie Lemke M.Ed.
Translation to Spanish:
Pablo de la Vega
Spanish-language layout and
proofread: Base Tres
Print and production coordinator:
Katherine Berti

EL CONSULTORIO

Photographs:
Shutterstock: Byonkruud: cover (top left); Metamorworks: cover (top right); Pixelshot: cover (bottom); New Africa: p. 3, 14; Ericksonstock: 5, 14; Gorgev: p. 7; Yakobchuk Viacheslar; p. 8, 14; Andrey_popov; p. 9, 14; A3pfamily: p. 10, 14; Dragon Images: p. 11, 14; Nolte Image: p. 13

Library and Archives Canada Cataloguing in Publication

Title: El consultorio / Alicia Rodriguez ; traducción de Pablo de la Vega.
Other titles: Doctor's office. Spanish
Names: Rodriguez, Alicia (Children's author), author. | Vega, Pablo de la, translator.
Description: Series statement: Espio en mi comunidad | Translation of: Doctor's office. | "Un libro de las raíces de Crabtree". | Text in Spanish.
Identifiers: Canadiana (print) 20210248041 |
    Canadiana (ebook) 2021024805X |
    ISBN 9781039615625 (hardcover) |
    ISBN 9781039615687 (softcover) |
    ISBN 9781039615748 (HTML) |
    ISBN 9781039615809 (EPUB) |
    ISBN 9781039615861 (read-along ebook)
Subjects: LCSH: Children—Medical examinations—Juvenile literature. | LCSH: Medical offices—Juvenile literature.
Classification: LCC RJ50.5 .R6318 2022 | DDC j610—dc23

Library of Congress Cataloging-in-Publication Data

Names: Rodriguez, Alicia (Children's author), author. | Vega, Pablo de la, translator.
Title: El consultorio / Alicia Rodriguez ; traducción de Pablo de la Vega.
Other titles: Doctor's office. Spanish
Description: New York, NY : Crabtree Publishing Company, [2022] | Series: Espio en mi comunidad - un libro de las raíces de Crabtree | Includes index.
Identifiers: LCCN 2021028458 (print) |
    LCCN 2021028459 (ebook) |
    ISBN 9781039615625 (hardcover) |
    ISBN 9781039615687 (paperback) |
    ISBN 9781039615748 (ebook) |
    ISBN 9781039615809 (epub) |
    ISBN 9781039615861
Subjects: LCSH: Medical care--Juvenile literature. | Medical offices--Juvenile literature. | Physicians--Juvenile literature.
Classification: LCC R130.5 .R6418 2022 (print) | LCC R130.5 (ebook) | DDC 610--dc23
LC record available at https://lccn.loc.gov/2021028458
LC ebook record available at https://lccn.loc.gov/2021028459

Crabtree Publishing Company

www.crabtreebooks.com   1-800-387-7650

Printed in the U.S.A./092021/CG20210616

Copyright © 2022 **CRABTREE PUBLISHING COMPANY**

All rights reserved. No part of this publication may be reproduced, stored in a retrieval system or be transmitted in any form or by any means, electronic, mechanical, photocopying, recording, or otherwise, without the prior written permission of Crabtree Publishing Company. In Canada: We acknowledge the financial support of the Government of Canada through the Canada Book Fund for our publishing activities.

Published in the United States
Crabtree Publishing
347 Fifth Avenue, Suite 1402-145
New York, NY, 10016

Published in Canada
Crabtree Publishing
616 Welland Ave.
St. Catharines, Ontario L2M 5V6